Impressum
Verlag: BABADADA GmbH, Nedderfeld 112 , 22529 Hamburg
Geschäftsführer / Verlagsleitung: Harald Hof
Druck: Books on Demand GmbH, In de Tarpen 42, 22848 Norderstedt

Imprint
Publisher: BABADADA GmbH, Nedderfeld 112 , 22529 Hamburg, Germany
Managing Director / Publishing direction: Harald Hof
Print: Books on Demand GmbH, In de Tarpen 42, 22848 Norderstedt, Germany

shkolla

escuela

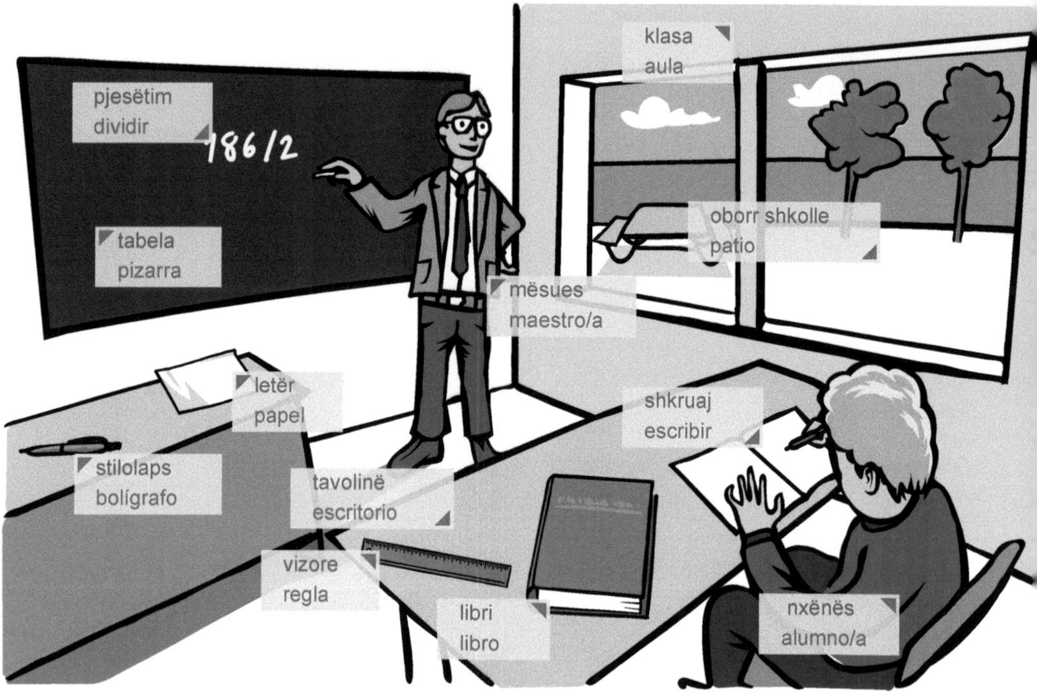

pjesëtim
dividir
186/2
tabela
pizarra
klasa
aula
oborr shkolle
patio
mësues
maestro/a
letër
papel
shkruaj
escribir
stilolaps
bolígrafo
tavolinë
escritorio
vizore
regla
libri
libro
nxënës
alumno/a

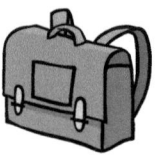

çantë

cartera

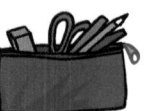

mbajtëse lapsash

caja de lápices

laps

lápiz

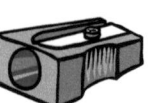

mprehës lapsash

sacapuntas

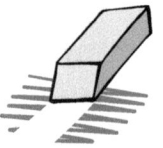

gomë

goma de borrar

fletore vizatimi

cuaderno de dibujo

vizatim
dibujo

penel
pincel

kuti bojërash
caja de pinturas

gërshërë
tijeras

ngjitës
pegamento

fletore detyrash
cuaderno de ejercicios

detyrë shtëpie
deberes

12

numër
número

2+2

mbledh
sumar

5-2

zbres
restar

2×2

shumëzoj
multiplicar

llogaris
calcular

A

gërmë
letra

ABCDEFG
HIJKLMN
OPQRSTU
VWXYZ

alfabeti
alfabeto

hello

fjalë
palabra

tekst

texto

lexoj

leer

shkumës

tiza

mësim

lección

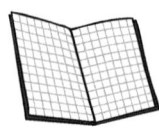

regjistër

cuaderno de notas

provim

examen

çertifikatë

certificado

uniformë shkolle

uniforme escolar

arsimim

educación

enciklopedia

enciclopedia

universitet

universidad

mikroskop

microscopio

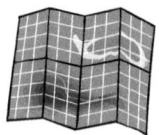

hartë

mapa

kosh letrash

papelera

udhëtim

viaje

hotel
hotel
Grand
bujtinë
albergue
ROOMS
EXCHANGE
pikë këmbimi valutor
oficina de cambio de divisas
valixhe
maleta
makinë
coche

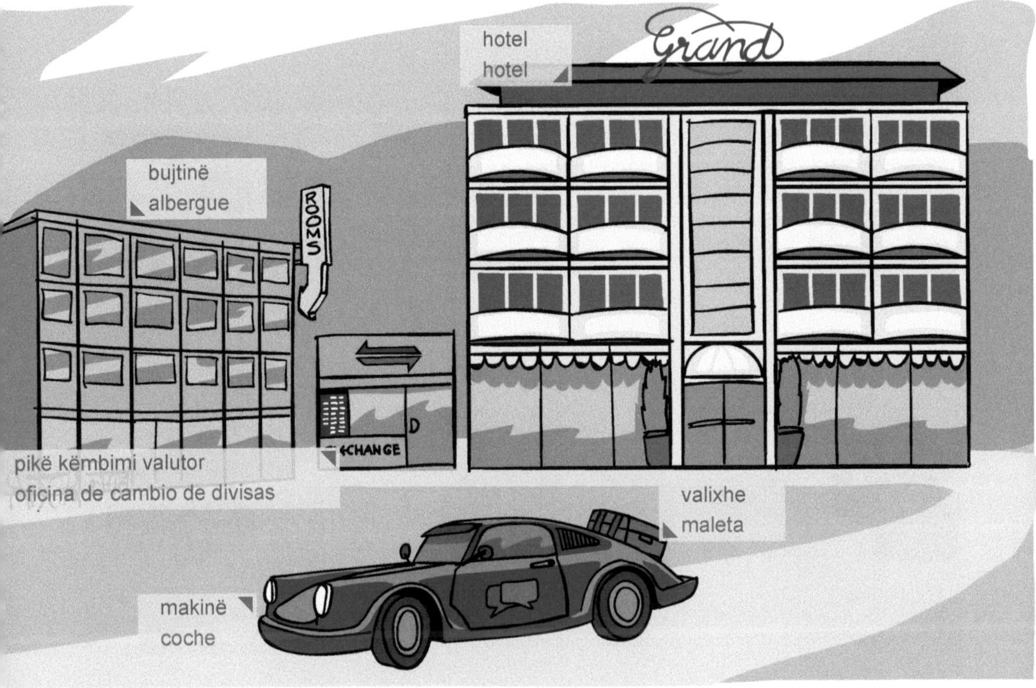

gjuhë
....
idioma

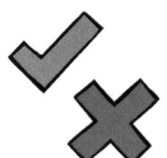

po / jo
....
sí / no

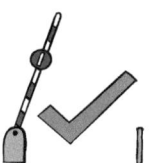

Në rregull
....
Vale

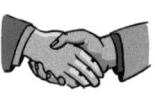

ç'kemi
....
hola

përkthyes
....
traductor

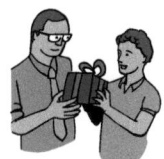

Faleminderit
....
Gracias

sa kushton…?

¿cuánto es…?

nuk e kuptoj

No entiendo

problem

problema

Mirëmbrëma!

¡Buenas tardes!

Mirëmëngjes!

¡Buenos días!

Natën e mirë!

¡Buenas noches!

mirupafshim

adiós

drejtim

dirección

bagazhet

equipaje

çantë

bolsa

çantë shpine

mochila

mysafir

invitado

dhomë

habitación

thes gjumi

saco de dormir

tendë

tienda de campaña

informacion për turistët

información turística

plazh

playa

kartë krediti

tarjeta de crédito

mëngjes

desayuno

drekë

almuerzo

darkë

cena

Biletë

billete

ashensor

ascensor

pulla

sello

kufi

frontera

doganë

aduana

ambasadë

embajada

vizë

visa

pasaportë

pasaporte

udhëtim - viaje

transport
transporte

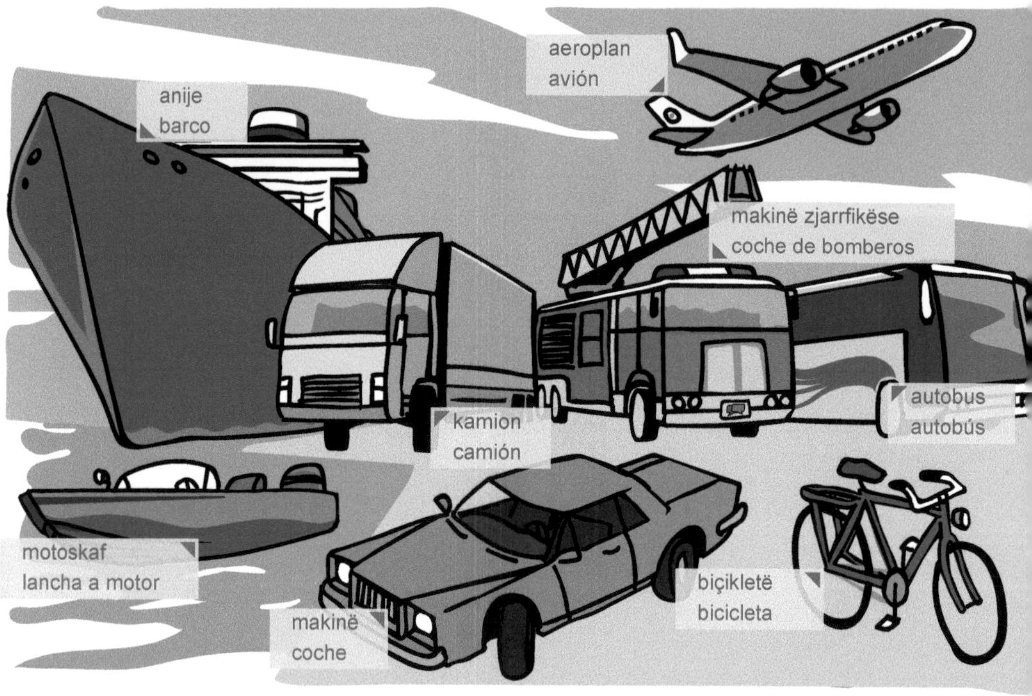

aeroplan
avión
anije
barco
makinë zjarrfikëse
coche de bomberos
kamion
camión
autobus
autobús
motoskaf
lancha a motor
biçikletë
bicicleta
makinë
coche

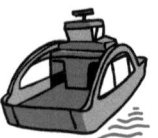

traget
transbordador

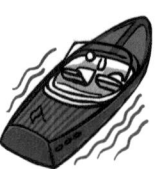

varkë
barca

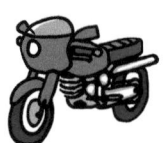

motoçikletë
moto

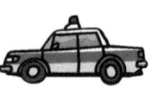

makinë policie
coche de policía

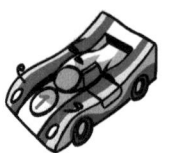

makinë garash
coche de carreras

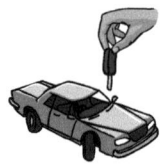

makinë me qira
coche de alquiler

darje e qirasë së makinës

préstamo de vehículos

karroatrec

grúa

makinë plehrash

camión de la basura

motor

motor

benzinë

gasolina

pikë karburanti

gasolinera

sinjalistikë trafiku

señal de tráfico

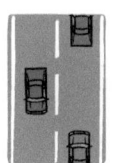

trafik

tráfico

bllokim trafiku

atasco

parkim makinash

aparcamiento

stacion treni

estación de tren

trase

vías

tren

tren

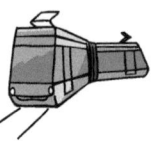

tramvaj

tranvía

karro

vagón

helikopter

helicóptero

aeroport

aeropuerto

kullë

torre

pasagjer

pasajero

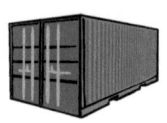

kontenier

contenedor

kuti kartoni

caja de cartón

qerre

carretilla

shportë

cesta

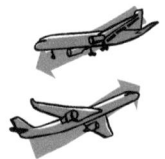

ngrihem / ulem

despegar / aterrizar

qytet
ciudad

fshat

pueblo

qendra e qytetit

centro de ciudad

shtëpi

casa

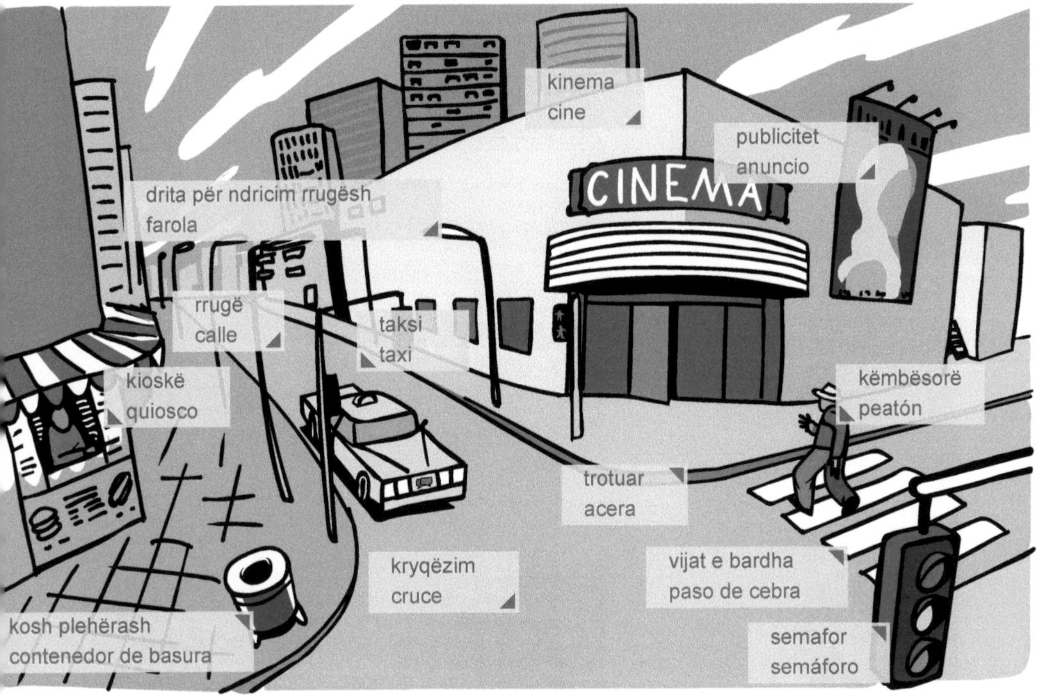

kinema
cine

publicitet
anuncio

drita për ndricim rrugësh
farola

CINEMA

rrugë
calle

taksi
taxi

këmbësorë
peatón

kioskë
quiosco

trotuar
acera

kryqëzim
cruce

vijat e bardha
paso de cebra

kosh plehërash
contenedor de basura

semafor
semáforo

kasolle

cabaña

apartament

apartamento

stacion treni

estación de tren

bashki

ayuntamiento

muze

museo

shkolla

escuela

universitet

universidad

bankë

banco

spital

hospital

hotel

hotel

farmaci

farmacia

zyrë

oficina

librari

librería

dyqan

tienda

dyqan lulesh

floristería

supermarket

supermercado

market

mercado

mapo

grandes almacenes

dyqan peshku

pescadería

qëndër tregtare

centro comercial

port

puerto

park

parque

stol

banco

urë

puente

shkallë

escaleras

metro

metro

tunel

túnel

stacion autobuzi

parada de autobús

bar

bar

restorant

restaurante

kuti postare

buzón

sinjalistikë rrugore

poste indicador

kohëmatës parkimi

parquímetro

kopsht zoologjik

zoo

pishinë

piscina

xhami

mezquita

fermë
granja

ndotje
contaminación

varrezë
cementerio

kishë
iglesia

shesh lojërash
patio de juego

tempull
templo

peisazh
paisaje

gjethe
hoja

tabela orientuese
señal

rrugë
camino

livadh
prado

gurë
piedra

ekskursionist
excursionista

pemë
árbol

lumë
río

bar
hierba

lule
flor

luginë
valle

kodër
colina

liqen
lago

pyll
bosque

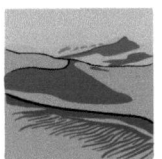

shkretëtirë
desierto

vullkan
volcán

kështjellë
castillo

ylber
arcoíris

kepudhë
champiñón

palmë
palmera

mushkonjë
mosquito

mizë
mosca

milingonë
hormiga

bletë
abeja

merimangë
araña

peisazh - paisaje

15

brumbull
escarabajo

bretkosë
rana

ketër
ardilla

iriq
erizo

lepur
liebre

buf
lechuza

zog
pájaro

mjellmë
cisne

derr i egër
jabalí

dre
ciervo

dre brilopatë
alce

digë
presa

turbinë ere
turbina eólica

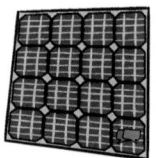

panel diellor
panel solar

klimë
clima

restorant
restaurante

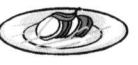

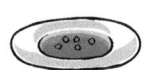

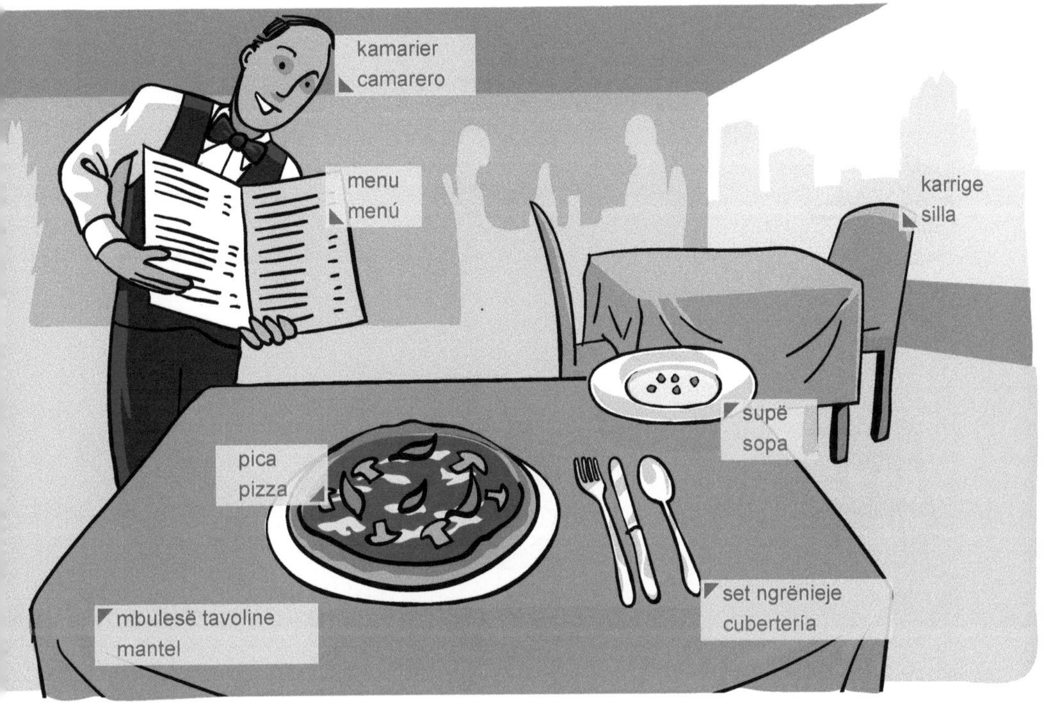
kamarier
camarero
menu
menú
karrige
silla
supë
sopa
pica
pizza
set ngrënieje
cubertería
mbulesë tavoline
mantel

pjatë e parë

primer plato

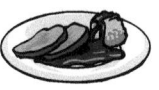

pjatë kryesore

plato principal

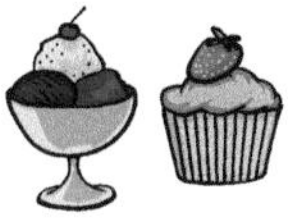

ëmbëlsirë

postre

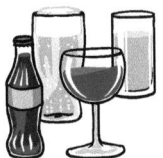

pije

bebidas

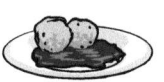

ushqim

comida

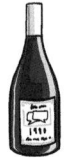

shishe

botella

ushqim i shpejtë

comida rápida

ushqim i shërbyer në rrugë

comida callejera

ibrik çaji

tetera

kuti sheqeri

azucarero

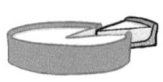

racion

porción

makinë kafeje ekspres

cafetera expreso

karrige e lartë

trona

faturë

cuenta

tabaka

bandeja

thika

cuchillo

pirun

tenedor

lugë

cuchara

lugë çaji

cucharilla

pecetë

servilleta

gotë

vaso

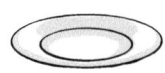

pjatë

plato

pjatë supe

plato hondo

pjatë filxhani

platillo

salcë

salsa

mbajtëse kripe

salero

mulli piperi

molinillo de pimienta

uthull

vinagre

vaj

aceite

erëza

especias

keçap

ketchup

mustardë

mostaza

majonezë

mayonesa

supermarket
supermercado

ofertë speciale
oferta especial
klient
cliente
produkte bulmeti
lácteos
FOR
frut
fruta
karrocë pazari
carro de la compra

BUTCHERS

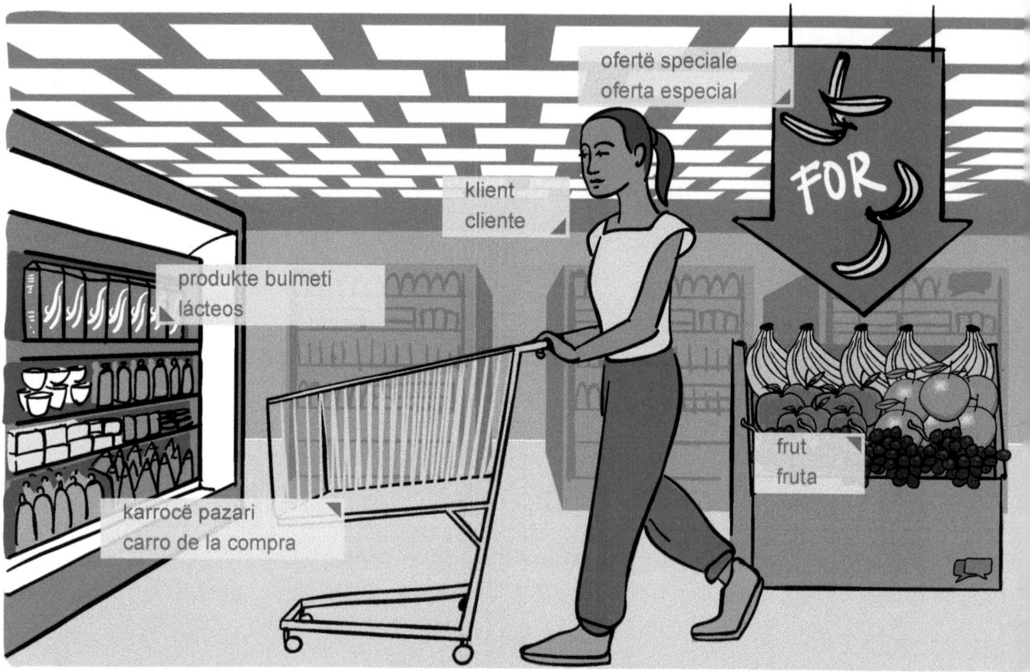

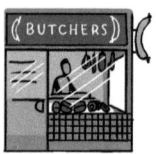

dyqan mishi

carnicería

BAKERY

furrë buke

panadería

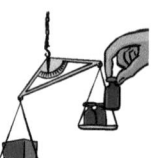

peshoj

pesar

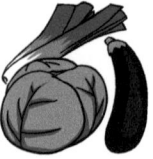

perime

verduras

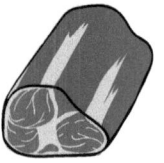

mish

carne

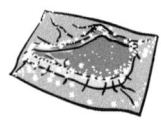

ushqim i ngrirë

alimentos congelados

copë
fiambres

ushqim i konservuar
conservas

pluhur larës
detergente en polvo

ëmbëlsirat
dulces

prodhime shtëpie
productos de uso doméstico

produkte pastrimi
productos de limpieza

shitëse
vendedora

kasë fiskale
caja

arkëtar
cajero

listë blerjeje
lista de la compra

oraret e punës
horario de atención al
público

portofol
cartera

kartë krediti
tarjeta de crédito

çantë
bolsa

qese plastike
bolsa de plástico

ujë

agua

lëng frutash

zumo

qumësht

leche

koka-kola

cola

verë

vino

birrë

cerveza

alkool

alcohol

kakao

cacao

çaj

té

kafe

café

kafe ekspres

expreso

kapuçino

capuchino

banane

plátano

mollë

manzana

portokalle

naranja

pjepër

melón

limon

limón

karrotë

zanahoria

hudhër

ajo

bambu

bambú

qepë

cebolla

kërpudha

champiñón

arra

avellanas

makarona

fideos

spageti

espagueti

oriz

arroz

sallatë

ensalada

patate të skuqura

patatas fritas

patate të skuqura

patatas fritas

pica

pizza

hamburger

hamburguesa

sanduiç

sándwich

shnicel

filete

proshutë

jamón

sallam

salami

salçiçe

salchicha

pulë

pollo

skuq

asado

peshk

pescado

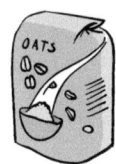

tërshërë

copos de avena

drithëra

muesli

kornfleiks

copos de maíz

miell

harina

kruasant

cruasán

panine

panecillo

bukë

pan

tost

tostada

biskotë

galletas

gjalp

mantequilla

gjizë

cuajada

tortë

pastel

vezë

huevo

vezë sy

huevo frito

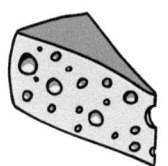

djathë

queso

akullore

helado

sheqer

azúcar

mjaltë

miel

marmaladë

mermelada

çokokrem

crema de turrón

këri

curry

fermë
granja

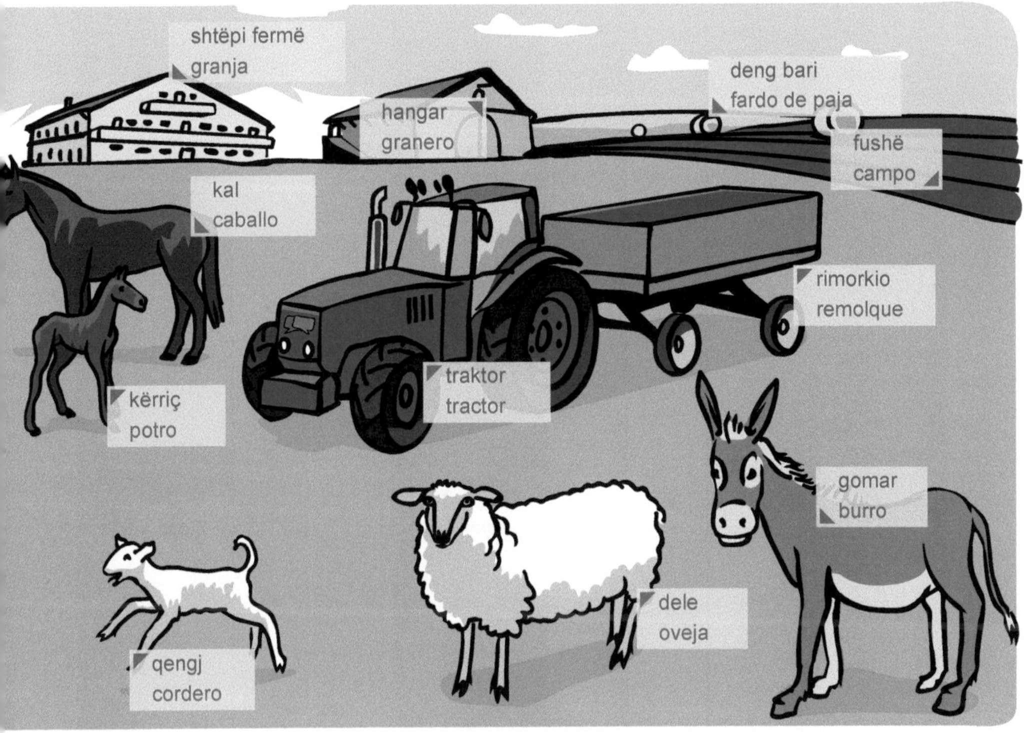

shtëpi fermë
granja
hangar
granero
deng bari
fardo de paja
fushë
campo
kal
caballo
rimorkio
remolque
traktor
tractor
kërriç
potro
gomar
burro
dele
oveja
qengj
cordero

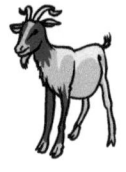

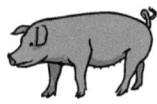

dhi
cabra

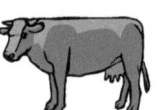

lopë
vaca

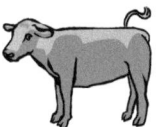

viç
ternero

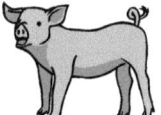

derr
cerdo

derrkuc
cerdito

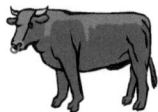

dem
toro

patë
ganso

rosë
pato

zog pule
pollo

pulë
gallina

gjel
gallo

mi
rata

mace
gato

mi
ratón

buall
buey

qen
perro

kolibe qeni
perrera

zorrë vaditëse
manguera

vaditëse
regadera

kosë
guadaña

plug
arado

drapër
hoz

shat
azada

kosa
horca

sëpatë
hacha

karrocë
carretilla

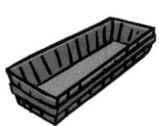

govatë
abrevadero

bidon qumështi
lechera

thes
saco

gardh
valla

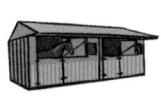

ahur
establo

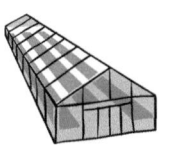

serë
invernadero

dhe
suelo

farë
semilla

pleh
fertilizador

autokombanjë
cosechadora

fermë - granja

29

korr

cosechar

te korrat

cosecha

patate e ëmbël "Yam"

ñame

grurë

trigo

soja

soja

patate

patata

misër

maíz

raps

semilla de colza

pemë frutore

árbol frutal

zhardhok manioku

mandioca

drithëra

cereales

shtëpi
casa

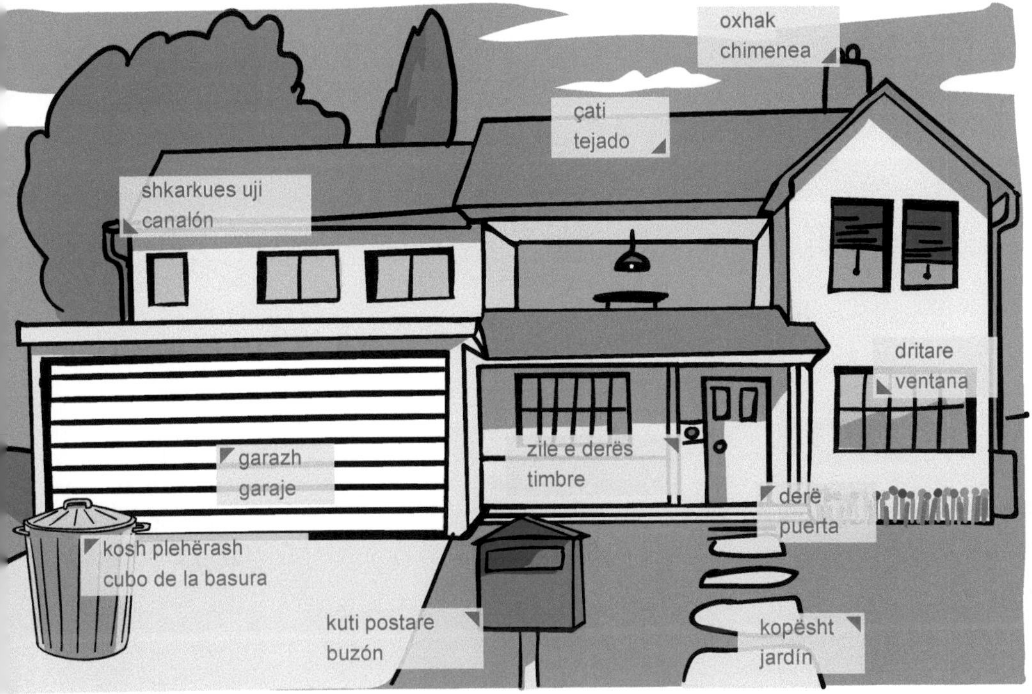

oxhak
chimenea
çati
tejado
shkarkues uji
canalón
dritare
ventana
garazh
garaje
zile e derës
timbre
derë
puerta
kosh plehërash
cubo de la basura
kuti postare
buzón
kopësht
jardín

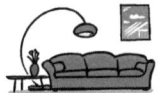

dhomë ndenjeje
sala

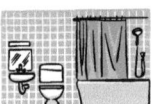

tualet
cuarto de baño

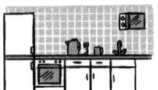

kuzhinë
cocina

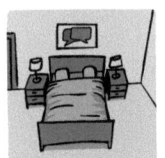

dhomë gjumi
dormitorio

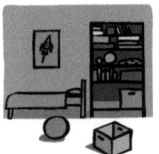

dhomë fëmijësh
habitación de los niños

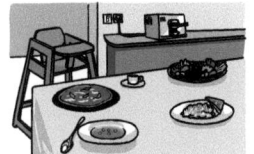

dhomë ngrënieje
comedor

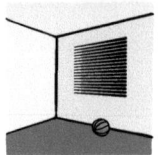

dysheme
suelo

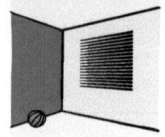

mur
pared

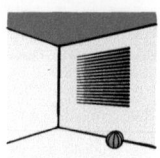

tavan
techo

bodrum
sótano

sauna
sauna

ballkon
balcón

tarracë
terraza

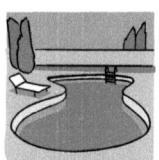

pishinë
piscina

kositëse bari
cortacésped

çarçaf
sábana

kuvertë
colcha

krevat
cama

fshesë dore
escoba

kovë
balde

çelës
interruptor

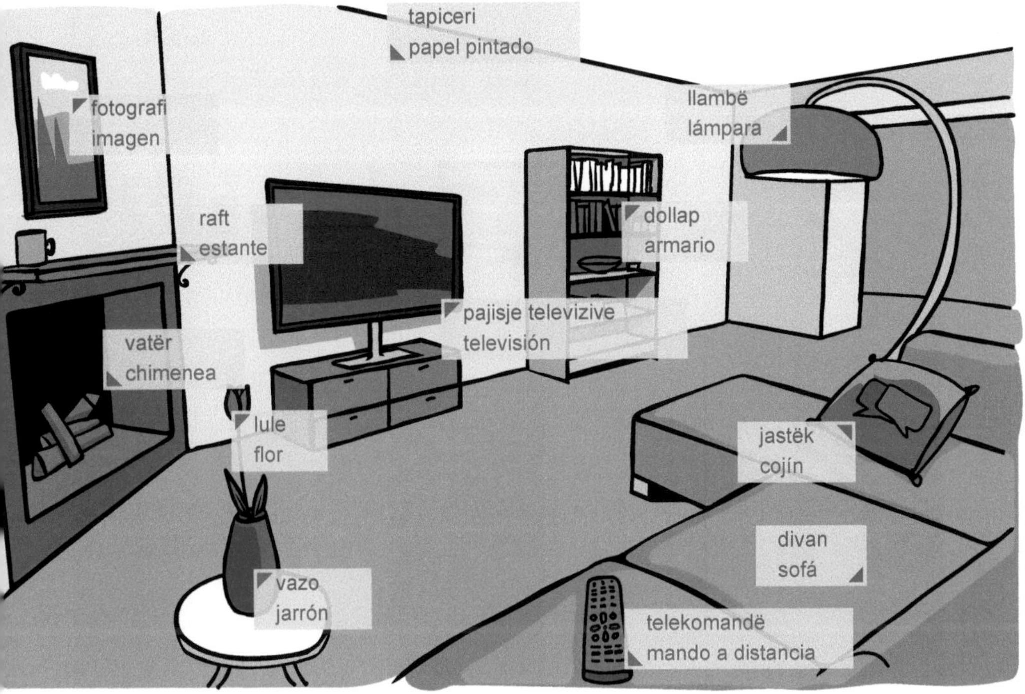

tapiceri
papel pintado

fotografi
imagen

llambë
lámpara

raft
estante

dollap
armario

vatër
chimenea

pajisje televizive
televisión

lule
flor

jastëk
cojín

divan
sofá

vazo
jarrón

telekomandë
mando a distancia

qilim
alfombra

perde
cortina

tavolinë
mesa

karrige
silla

karrige lëkundëse
mecedora

kolltuk
butaca

libri
libro

batanije
manta

zbukurime
decoración

dru zjarri
leña

film
película

stereo
equipo de música

çelës
llave

gazetë
periódico

pikturë
pintura

afishe
póster

radio
radio

bllok shënimesh
cuaderno

fshesë me korent
aspiradora

kaktus
cactus

qiri
vela

kuzhinë
cocina

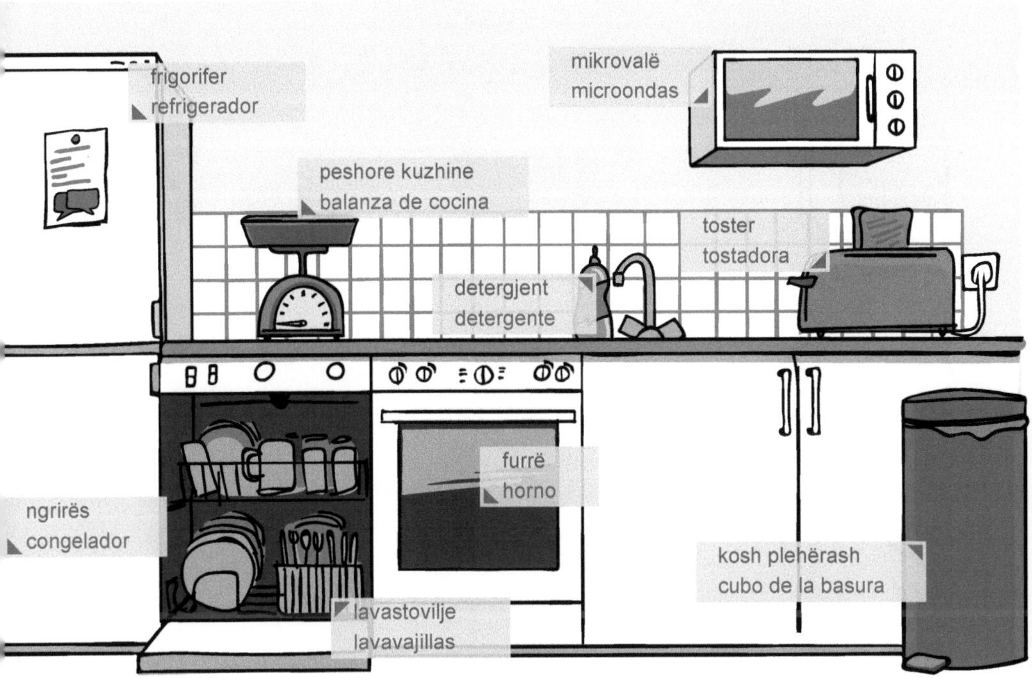
frigorifer
refrigerador
mikrovalë
microondas
peshore kuzhine
balanza de cocina
toster
tostadora
detergjent
detergente
furrë
horno
ngrirës
congelador
kosh plehërash
cubo de la basura
lavastovilje
lavavajillas

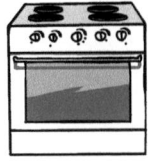

sobë

olla a presión

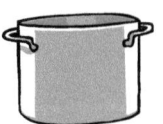

tenxhere

olla

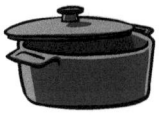

tenxhere me kapak

olla de hierro fundido

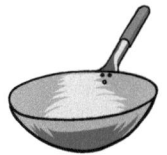

tigan special (Wok)

wok / karahi

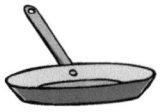

tigan

cazuela

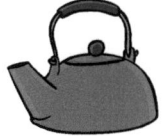

çajnik

hervidor

tenxhere me avull

vaporera

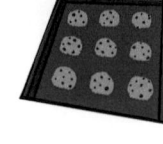

tavë pjekjeje

chapa de horno

enë

vajilla

filxhan

taza

tas

tazón

shkopinj

palillos

garuzhde

cucharón

spatul

espumadera

tel kuzhine

batidor

kulluese

colador

sitë

cedazo

rende

rallador

havan

mortero

skarë

barbacoa

zjarr

hoguera

dërrasë për prerje

tabla de picar

okllai

rodillo

heqëse tapash

sacacorchos

kanaçe

lata

hapëse kanaçeje

abrelatas

rrobë për të kapur
tenxheren
agarrador

lavaman

lavabo

furçë

cepillo

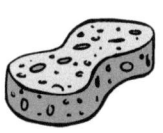

sfungjer

esponja

përzjerës

batidora

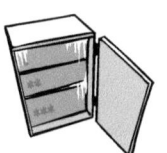

ngrirës

congelador

biberon për lëngje

biberón

rubinet

grifo

tualet

cuarto de baño

ngrohje
calefacción
peshqirë
toalla
dush
ducha
perde dushi
cortina de la ducha
vaskë me shkumë
baño de espuma
vaskë
bañera
gotë
vaso
lavatriçe
lavadora
rubinet
grifo
pllaka
baldosas
oturak
orinal
lavaman
lavabo

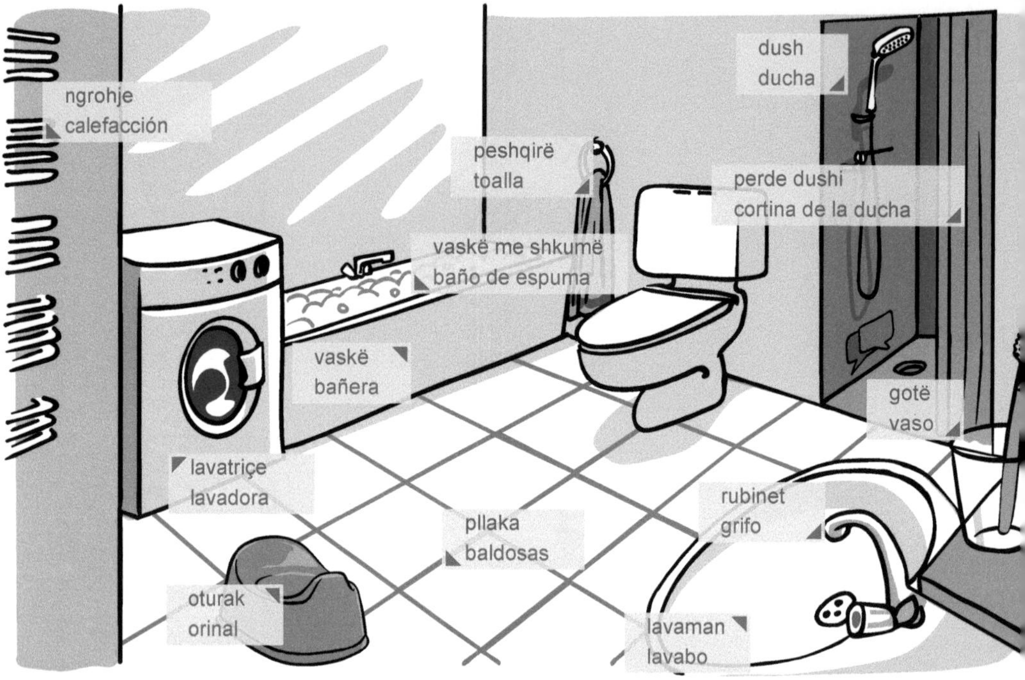

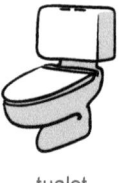

tualet

inodoro

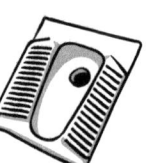

WC e sheshtë

inodoro rústico

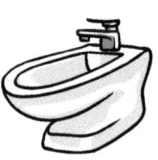

bide

bidé

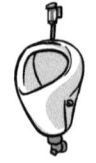

tualet publik

urinario

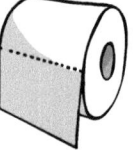

letër higjienike

papel higiénico

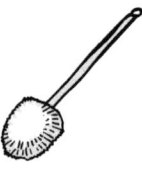

furçe për WC

escobilla del váter

furçë dhëmbësh

cepillo de dientes

pastë dhëmbësh

pasta de dientes

fije dentare

hilo dental

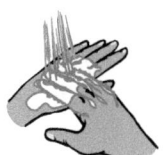

laj

lavar

dorezë dushi

ducha de mano

larës për zonën intime

ducha íntima

legen

pila

furçë për masazh shpine

cepillo de espalda

sapun

jabón

shampo trupi

gel de ducha

shampo

champú

leckë pastruese

toallita

kullues

desagüe

krem

crema

antidjersë

desodorante

pasqyrë

espejo

pasqyrë dore

espejo de tocador

brisk rroje

maquinilla de afeitar

shkumë rroje

espuma de afeitar

locion pas rrojes

loción postafeitado

krehër

peine

furçë

cepillo

tharëse flokësh

secador

llak për flokët

laca

grim

maquillaje

buzëkuq

pintalabios

manikyr

pintauñas

mbushje pambuku

algodón

gërshërë për thonj

cortauñas

parfum

perfume

antë për sendet personale

estuche de viaje

Stol

banqueta

peshore

balanza

robëdëshambër

albornoz

dorashka gome

guantes de goma

tampon

tampón

peceta higjienike

compresa

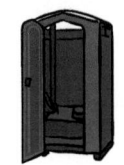

tualet I lëvizshëm

inodoro químico

dhomë fëmijësh
habitación de los niños

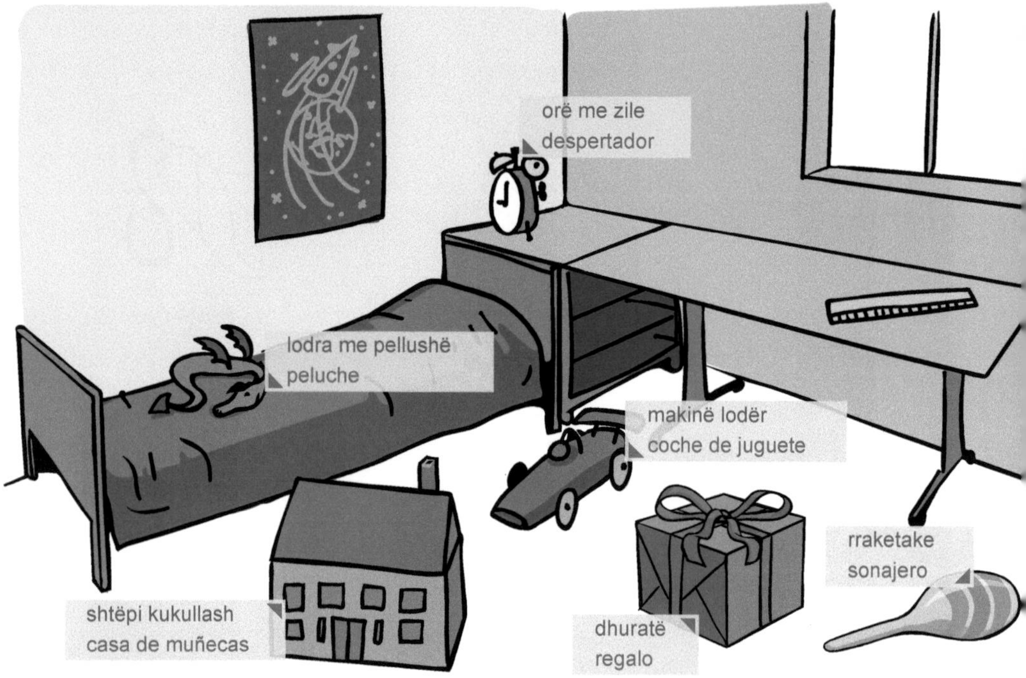
orë me zile
despertador
lodra me pellushë
peluche
makinë lodër
coche de juguete
rraketake
sonajero
shtëpi kukullash
casa de muñecas
dhuratë
regalo

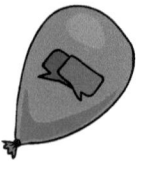

tollumbace

globo

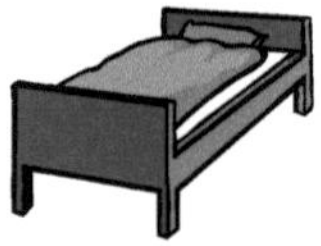

krevat

cama

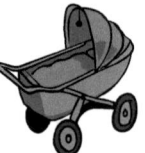

karrocë fëmijësh

coche de niño

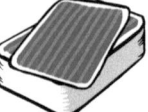

lojë me letra

naipes

bashkim pjesësh me figura

puzle

SUPER
MEGA

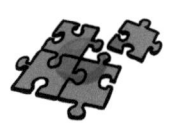

komik

tebeo

formuese lodër

piezas de lego

kuba plastikë

bloques de juguete

lodra

figura de acción

badi

bodi (de bebé)

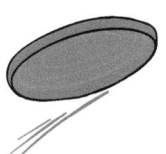

frizbi

frisbee

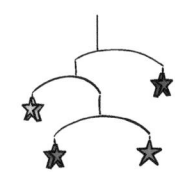

lodra të varura tek krevati i fëmijëve

colgador móvil para bebés

tavolinë lojërash

juego de mesa

zare

dados

model treni

circuito de tren eléctrico

biberon

maniquí

festë

fiesta

libër me ilustrime

álbum de fotos

top

pelota

kukull

muñeca

luaj

jugar

grumbull rëre

cajón de arena

kolovarëse

columpio

lodra

juguetes

leva për lojra video

videoconsola

triçikël

triciclo

arush prej pellushi

oso de peluche

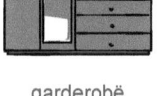

garderobë

guardarropa

veshje
ropa

çorape

calcetines

çorape të gjata

medias

geta

leotardos

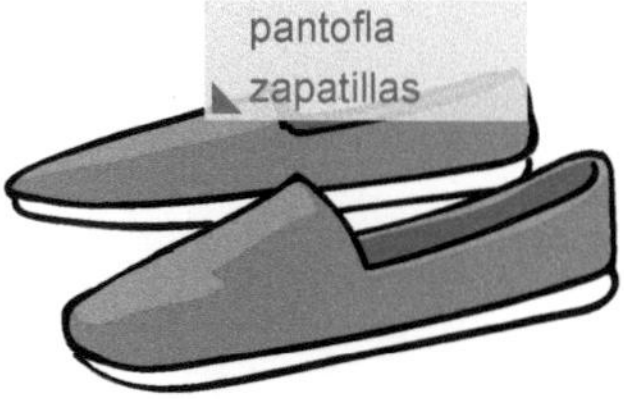

shall
bufanda

rrip
cinturón

çadër
paraguas

bluzë pa jakë
camiseta

çizme
botas

pantofla
zapatillas

atlete
deportivas

sandale
....
sandalias

këpucë
....
zapatos

çizme llastiku
....
botas de goma

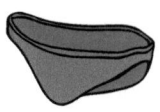
të mbathura
....
slip

reçipeta
....
sostén

kanotierë
....
chaleco

trup
bodi

pantallona
pantalones

xhinse
vaqueros

fund
falda

bluzë
blusa

këmishë
camisa

pulovër
jersey

triko
suéter

xhaketë
blazer

xhaketë
chaqueta

pallto
abrigo

mushama shiu
gabardina

kostum
traje

fustan
vestido

fustan nusërie
vestido de novia

kostum
traje

këmishë nate
camisón

pizhama
pijama

sari (veshje tradicionale indiane)
sari

shami koke
bandana

çallmë
turbante

eshje për femrat e besimit musliman
burka

kaftan (lloj veshjeje tradicionale)
caftán

ferexhe
abaya

kostum banje
traje de baño

rroba banje
bañador

pantallona të shkurtra
pantalones cortos

tuta sporti
chándal

përparëse
delantal

dorashka
guantes

veshje - ropa

kopsë
botón

syze
gafas

byzylyk
brazalete

gjerdan
collar

unazë
anillo

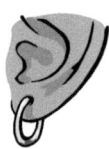

vath
pendiente

kapuç
gorra

varëse për pallto
percha

kapele
sombrero

kravatë
corbata

zinxhir
cremallera

helmetë
casco

tiranda
tirantes

uniformë shkolle
uniforme escolar

uniformë
uniforme

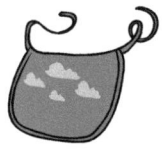

gushore

babero

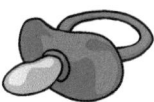

biberon

maniquí

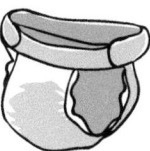

pelenë

pañal

zyrë

oficina

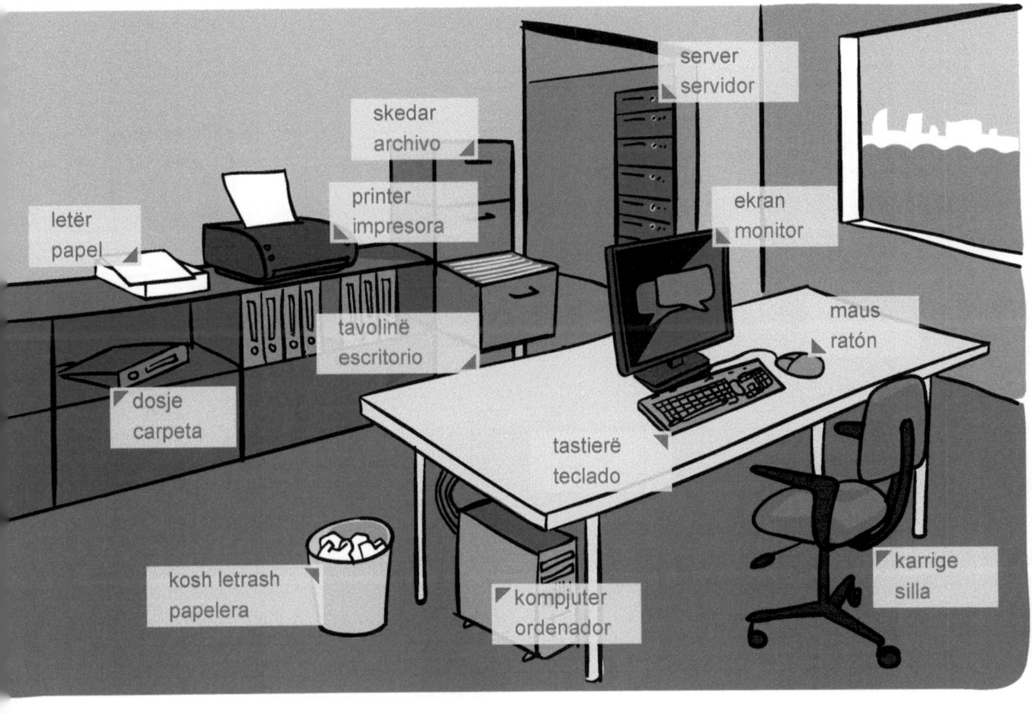
server
servidor
skedar
archivo
printer
impresora
letër
papel
ekran
monitor
maus
ratón
tavolinë
escritorio
dosje
carpeta
tastierë
teclado
karrige
silla
kosh letrash
papelera
kompjuter
ordenador

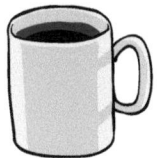

filxhan kafeje

taza de café

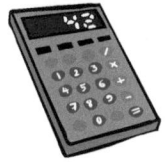

makinë llogaritëse

calculadora

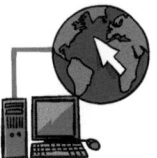

internet

internet

kompjuter portativ

portátil

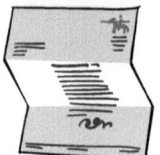

letër

carta

mesazh

mensaje

telefon

móvil

rrjet

red

fotokopje

fotocopiadora

program

software

telefon

teléfono

prizë

toma de corriente

pajisje faksi

fax

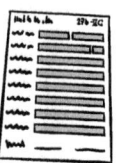

formular

formulario

dokument

documento

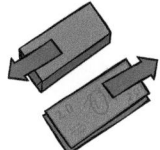

blej

comprar

paguaj

pagar

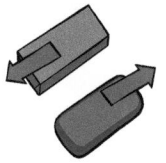

tregtoj

comerciar

para

dinero

dollar

dólar

euro

euro

jen

yen

rubla

rublo

franga zvicerane

franco suizo

juani kinez

renminbi yuan

rupje

rupia

bankomat

cajero automático

pikë këmbimi valutor

oficina de cambio de divisas

ar

oro

argjend

plata

nafta

petróleo

energji

energía

çmim

precio

kontratë

contrato

taksë

impuesto

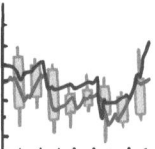

aksione

acción

punoj

trabajar

punonjës

empleado

punëdhënës

empleador

fabrikë

fábrica

dyqan

tienda

zjarrfikës
bombero

oficer policie
agente de policía

kuzhinier
cocinero

mjek
médico

pilot
piloto

kopshtar
jardinero

marangoz
carpintero

rrobaqepëse
costurera

gjykatës
juez

kimist
farmacéutico

aktor
actor

shofer autobuzi

conductor de autobús

taksist

taxista

peshkatar

pescador

pastruese

señora de la limpieza

riparues çatish

techador

kamarier

camarero

gjuetar

cazador

piktor

pintor

furrxhi

panadero

elektriçist

electricista

ndërtues

obrero

inxhinier

ingeniero

kasap

carnicero

hidraulik

fontanero

postieri

cartero

ushtar

soldado

arkitekt

arquitecto

arkëtar

cajero

luleshitës

florista

berber

peluquero

kontrollor

revisor

mekanik

mecánico

kapiten

capitán

dentist

dentista

shkencëtar

científico

rabin

rabino

imam

imán

murg

monje

klerik

sacerdote

mjete
herramientas

pinca
alicates
çekiç
martillo
kaçavidë
destornillador
elektrik dore
linterna
çelës mekanik
llave

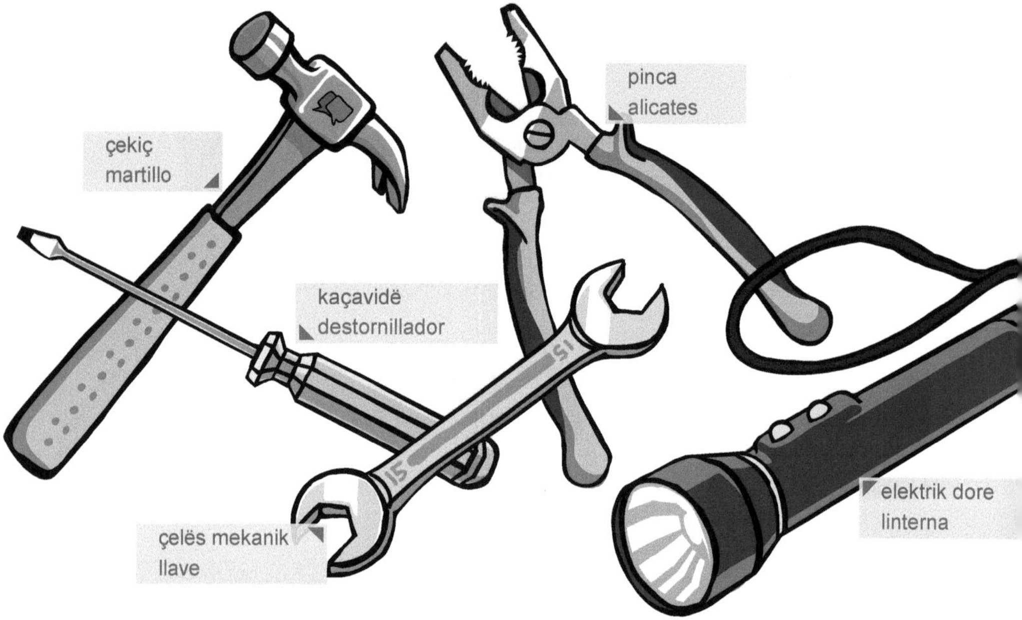

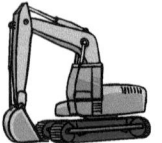

ekskavator

excavadora

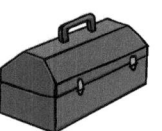

kuti veglash

caja de herramientas

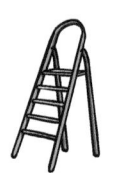

shkallë

escalera de mano

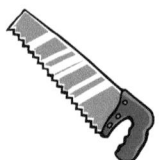

sharrë

sierra

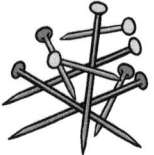

gozhdë

clavos

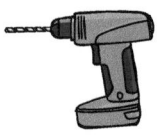

trapan

taladro

riparoj
reparar

lopatë
pala

Dreq!
¡Maldita sea!

kaci
recogedor

kuti boje
bote de pintura

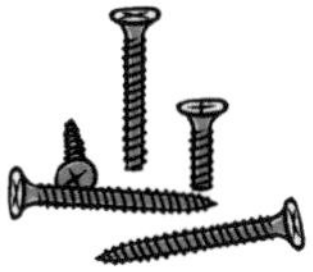

vidhë
tornillos

instrumenta muzikorë
instrumentos musicales

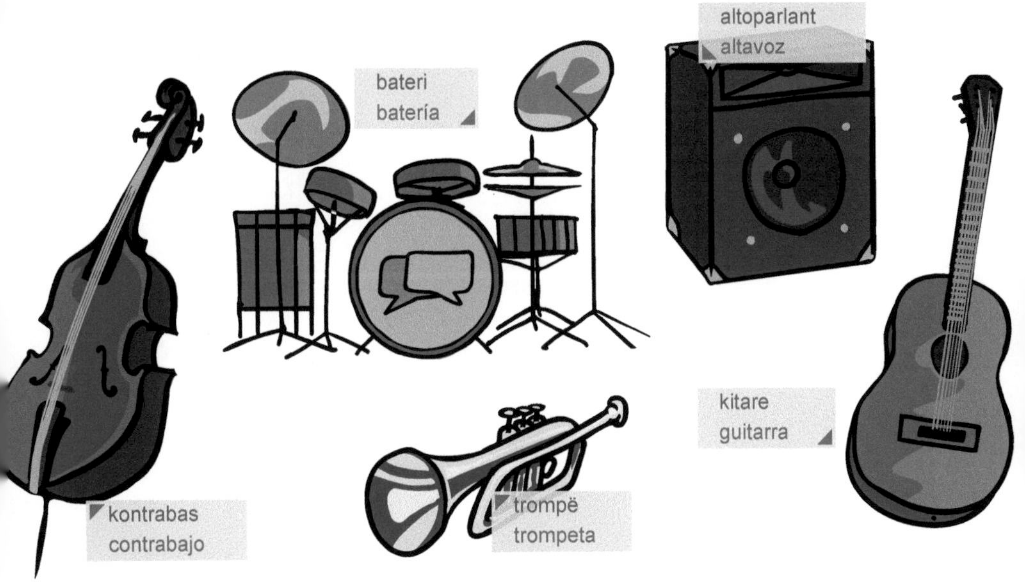

altoparlant
altavoz

bateri
batería

kontrabas
contrabajo

trompë
trompeta

kitare
guitarra

piano
piano

violinë
violín

bas
bajo

tamburë
timbales

daulle
tambor

tastierë pianoje
teclado

saksofon
saxofón

flaut
flauta

mikrofon
micrófono

kopsht zoologjik

zoo

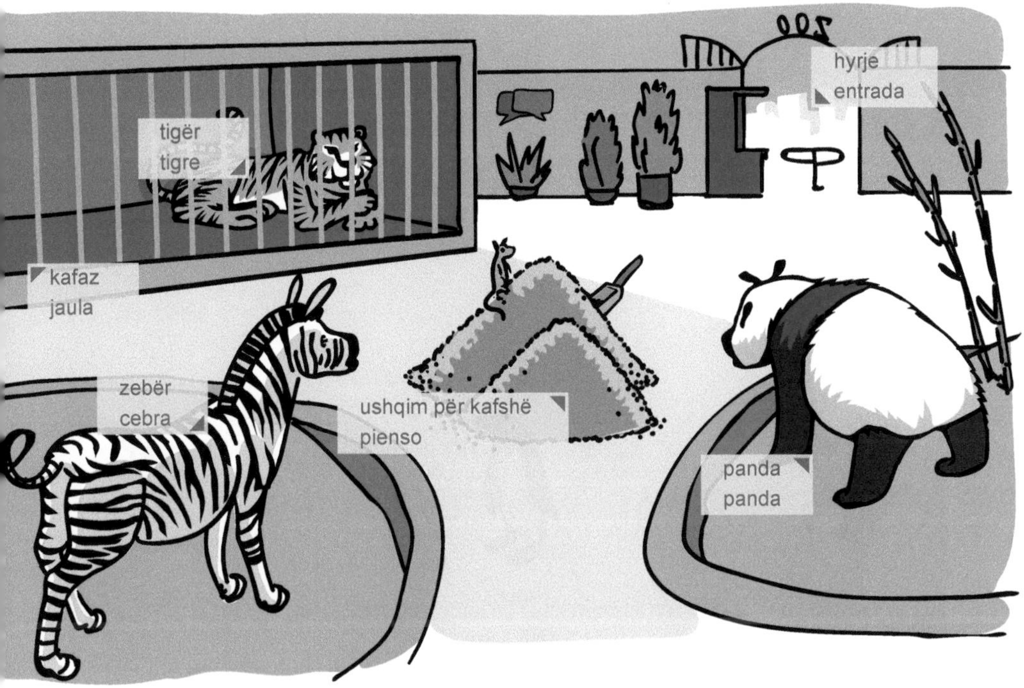

tigër
tigre
kafaz
jaula
hyrje
entrada
zebër
cebra
ushqim për kafshë
pienso
panda
panda

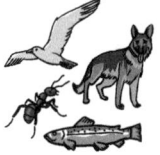

kafshë
animales

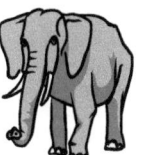

elefant
elefante

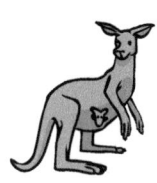

kangur
canguro

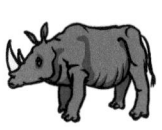

rinoceront
rinoceronte

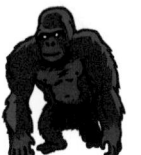

gorillë
gorila

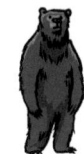

ari
oso

deve

camello

struc

avestruz

luan

león

majmun

mono

flamingo

flamingo

papagall

loro

ari polar

oso polar

pinguin

pingüino

peshkaqen

tiburón

pallua

pavo real

gjarpër

serpiente

krokodil

cocodrilo

punonjës i kopshtit zoologjik

guardián de zoológico

fokë

foca

xhaguar

jaguar

poni
poni

leopard
leopardo

hipopotam
hipopótamo

gjirafë
jirafa

shqiponjë
águila

derr i egër
jabalí

peshk
pescado

breshkë
tortuga

lopë deti
morsa

dhelpër
zorro

gazelë
gacela

futboll amerikan
fútbol americano

çiklizëm
ciclismo

tenis
tenis

basketboll
baloncesto

not
natación

boks
boxeo

hokej mbi akull
hockey sobre hielo

futboll
fútbol

badminton
bádminton

atletikë
atletismo

hendboll
balonmano

ski
esquí

polo
polo

qesh
reír

hidhem
saltar

përqafoj
abrazar

eci
caminar

këndoj
cantar

ëndërroj
soñar

lutem
rezar

puth
besar

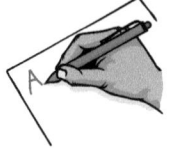

shkruaj

escribir

vizatoj

dibujar

tregoj

mostrar

shtyj

empujar

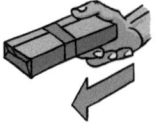

jap

dar

marr

tomar

kam
tener

bëj
hacer

jam
ser

qëndroj
estar de pie

vrapoj
correr

tërheq
tirar

hedh
tirar

bie
caer

shtrihem
yacer

pres
esperar

mbaj
llevar

ulem
estar sentado

vishem
vestirse

fle
dormir

zgjohem
despertar

shikoj
mirar

qaj
llorar

përkëdhel
acariciar

kreh
peinar

bisedoj
hablar

kuptoj
entender

kërkoj
preguntar

dëgjoj
escuchar

pi
beber

ha
comer

sistemoj
ordenar

dashuroj
amar

gatuaj
cocinar

drejtoj makinën
conducir

fluturoj
volar

lundroj

navegar

llogaris

calcular

lexoj

leer

mësoj

aprender

punoj

trabajar

martohem

casarse

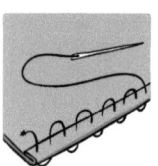

qep

coser

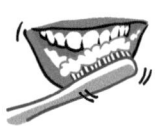

laj dhëmbët

cepillarse los dientes

vras

matar

tymos

fumar

dërgoj

enviar

gjyshe
abuela

gjysh
abuelo

baba
padre

nënë
madre

bebe
bebé

vajzë
hija

djalë
hijo

mysafir

invitado

teze, hallë

tía

dajë, xhaxha

tío

vëlla

hermano

motër

hermana

familje - familia

trupi
cuerpo

balli
frente
syri
ojo
shpatulla
hombro
gishti
dedo
fytyra
cara
mjekra
barbilla
dora
mano
krahërori
pecho
këmba
pierna
krahu
brazo

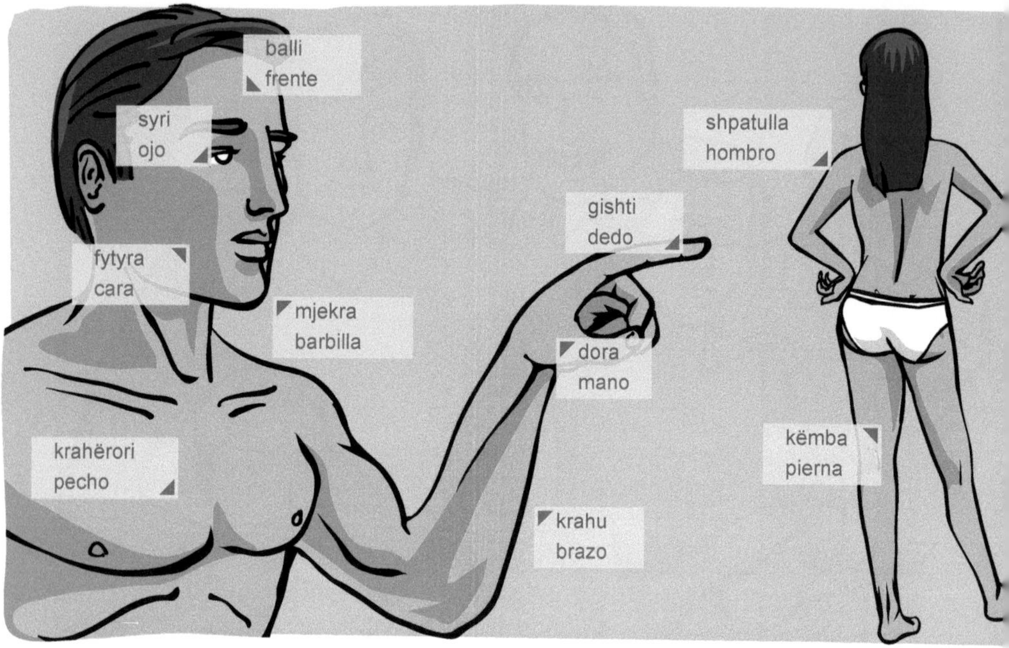

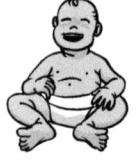

bebe
bebé

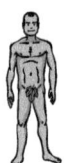

burrë
hombre

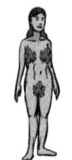

grua
mujer

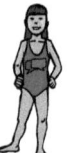

vajzë
chica

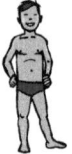

djalë
chico

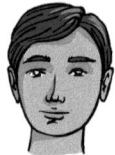

koka
cabeza

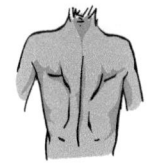

shpina

espalda

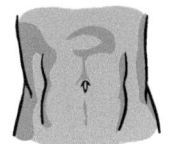

barku

vientre

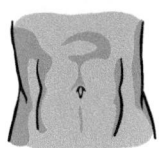

kërthiza

ombligo

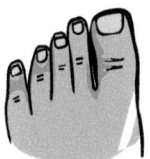

gisht këmbe

dedo del pie

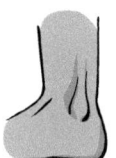

Thembra

talón

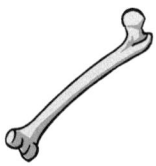

kockë

hueso

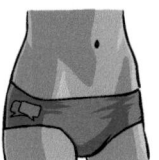

legeni

cadera

gjuri

rodilla

bërryli

codo

hunda

nariz

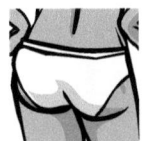

vithe

trasero

lëkura

piel

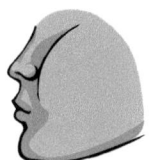

faqja

mejilla

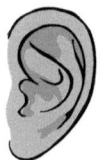

veshi

oído

buza

labio

goja

boca

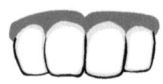

dhëmbët

diente

gjuha

lengua

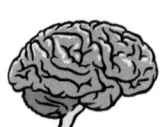

truri

cerebro

zemra

corazón

muskul

músculo

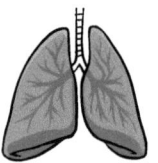

mushkëria

pulmón

mëlçia

hígado

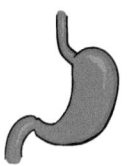

stomaku

estómago

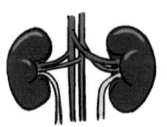

veshka

riñones

seks

sexo

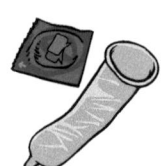

prezervativ

condón

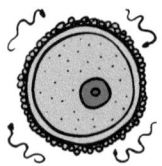

veza

ovario

sperma

semen

shtatëzani

embarazo

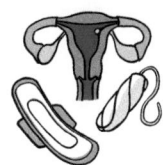

menstruacione
menstruación

vagina
vagina

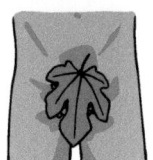

penis
pene

vetulla
ceja

flokët
pelo

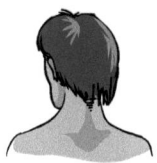

qafa
cuello

spital
hospital

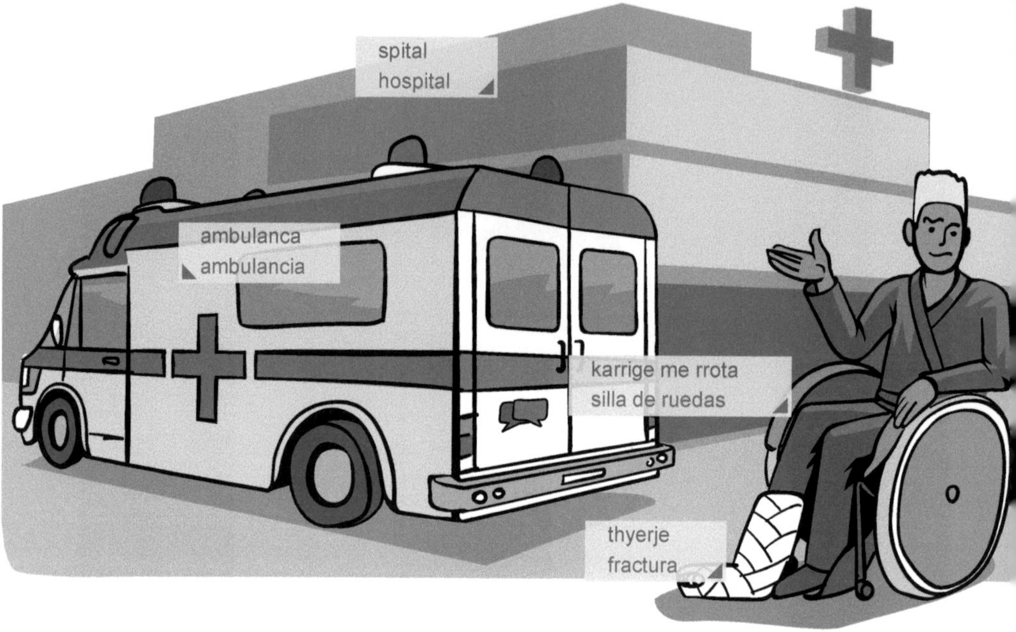

spital
hospital
ambulanca
ambulancia
karrige me rrota
silla de ruedas
thyerje
fractura

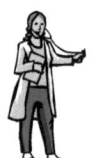

mjek

médico

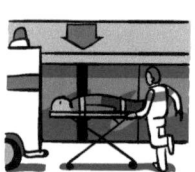

sallë urgjencash

sala de urgencias

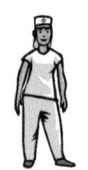

infermiere

enfermera

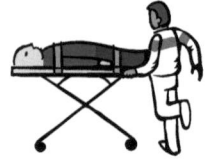

emergjencë

urgencia

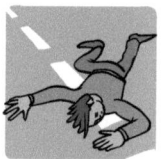

i pandërgjegjshëm

inconsciente

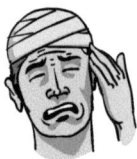

dhimbje

dolor

dëmtim

lesión

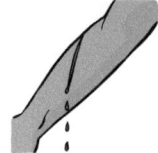

gjakosje

hemorragia

infarkt

infarto

goditje

ictus

alergji

alergia

kolla

tos

ethe

fiebre

grip

gripe

diarre

diarrea

dhimbje koke

dolor de cabeza

kancer

cáncer

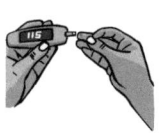

diabet

diabetes

kirurg

cirujano

bisturi

bisturí

operacion

operación

CT (skaner)

TAC

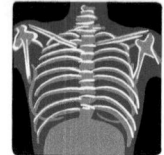

radiografi

rayos x

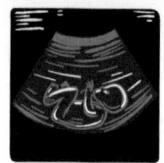

ultratingull

ultrasonido

maskë fytyre

mascarilla

sëmundje

enfermedad

dhomë pritjeje

sala de espera

paterica

muleta

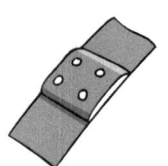

leukoplast

tirita

fasho

venda

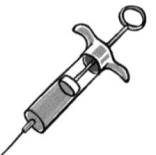

injeksion

inyección

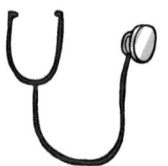

stetoskop

estetoscopio

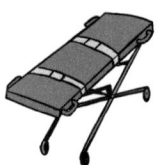

barelë

camilla

termometër

termómetro

lindje

nacimiento

mbipeshë

sobrepeso

aparat dëgjimi

audífono

dezinfektant

desinfectante

infeksion

infección

virus

virus

HIV / AIDS

VIH / SIDA

mjekësi, mjekim

medicina

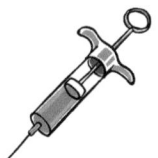

vaksinim

vacunación

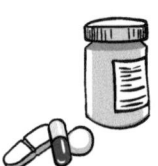

tableta

tabletas

pilulë

pastilla

telefonatë emergjence

llamada de urgencia

aparat tensioni

tensiómetro

i sëmurë / i shëndetshëm

enfermo / sano

Ndihmë!

¡Socorro!

alarm

alarma

sulm

asalto

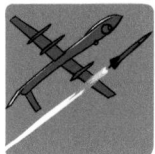

atak

ataque

rrezik

peligro

dalje emergjence

salida de emergencia

Zjarr!

¡Fuego!

fikëse zjarri

extintor de incendios

aksident

accidente

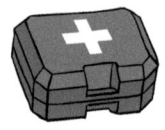

kuti e ndimës së shpejtë

botiquín de primeros
auxilios

SOS

SOS

policia

policía

Europa

Europa

Amerika e Veriut

Norteamérica

Amerika e Jugut

Sudamérica

Afrika

África

Azia

Asia

Australia

Australia

Atlantiku

Atlántico

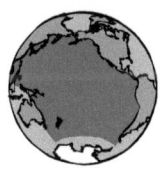

Paqësori

Pacífico

Oqeani Indian

Océano Índico

Oqeani Antarktik

Océano Antártico

Oqeani Arktik

Océano Ártico

Poli i veriut

polo norte

Poli i Jugut
polo sur

Antarktida
Antártida

toka
tierra

tokë
tierra

det
mar

ishull
isla

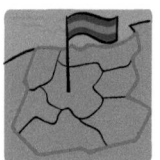

komb
nación

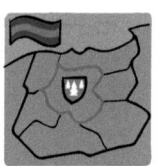

shtet
estado

fusha e orës

esfera

akrepi i orës

manecilla de las horas

akrepi i minutave

minutero

akrepi i sekondave

segundero

Sa është ora?

¿Qué hora es?

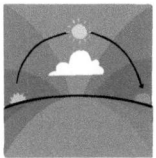

ditë

día

kohë

tiempo

tani

ahora

orë dixhitale

reloj digital

minutë

minuto

orë

hora

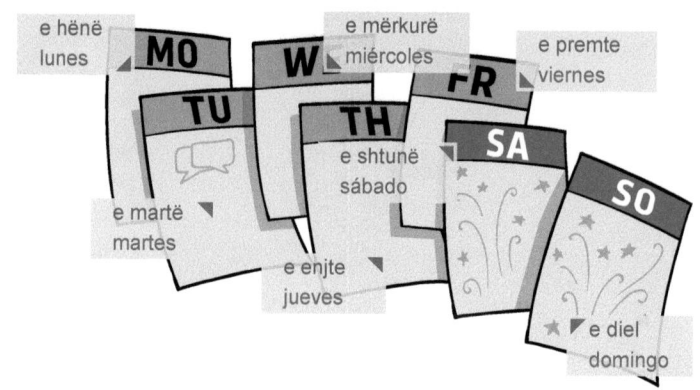

e hënë
lunes

e mërkurë
miércoles

e premte
viernes

e shtunë
sábado

e martë
martes

e enjte
jueves

e diel
domingo

dje

ayer

sot

hoy

nesër

mañana

mëngjes

mañana

mesditë

mediodía

mbrëmje

tarde

ditë pune

días laborables

fundjavë

fin de semana

vit

año

shi
lluvia
ylber
arcoíris
erë
viento
borë
nieve
pranverë
primavera
verë
verano
vjeshtë
otoño
dimër
invierno

4.APRIL 11°
5.APRIL 4°
6.APRIL 13°
7.APRIL 8°
8.APRIL 10°

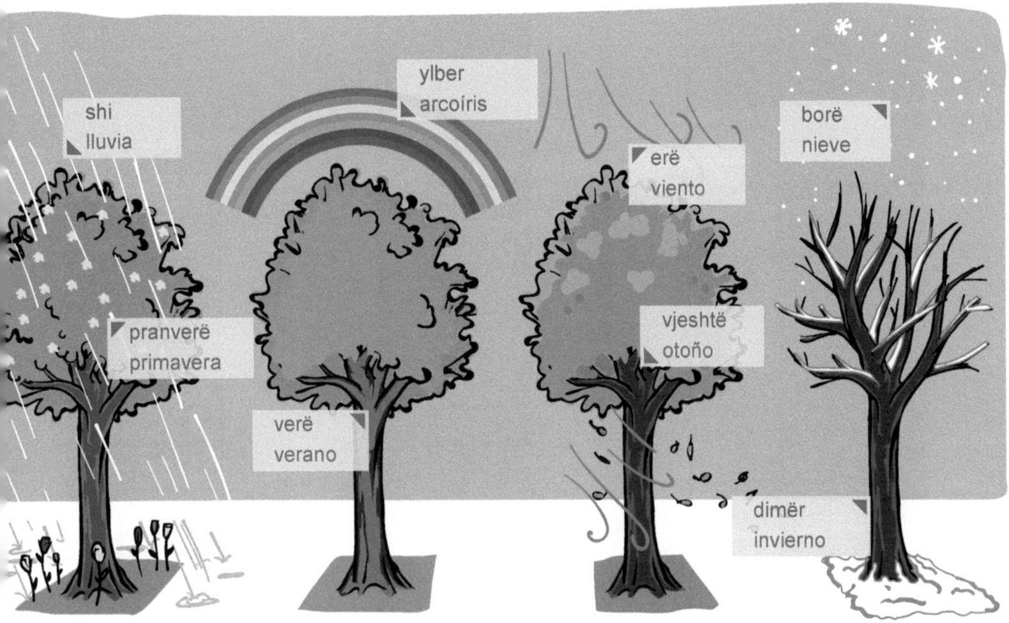

parashikimi i motit
....
pronóstico del tiempo

F C
120 40
90 30
60 20
30 10
0 0
-30 -10
-20

termometër
....
termómetro

ndriçim dielli
....
sol

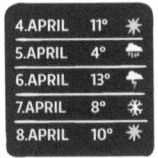

re
....
nube

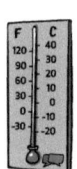

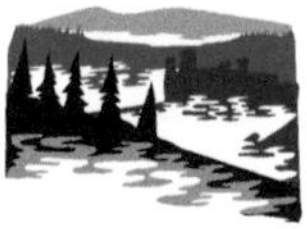

mjegull
....
niebla

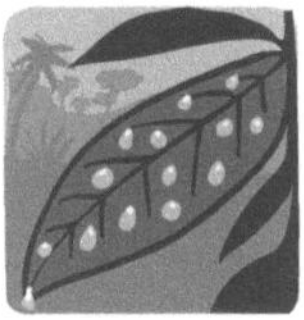

lagështi
....
humedad

vetëtima

rayo

gjëmim

trueno

stuhi

tormenta

breshër

granizo

muson

monzón

përmbytje

inundación

akull

hielo

janar

enero

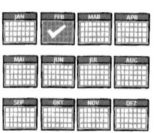

shkurt

febrero

mars

marzo

prill

abril

maj

mayo

qershor

junio

korrik

julio

gusht

agosto

vit - año

shtator
septiembre

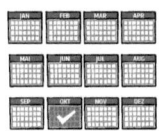

tetor
octubre

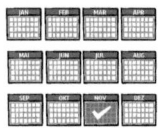

nëntor
noviembre

dhjetor
diciembre

forma
formas

rreth
círculo

katror
cuadrado

drejtkëndësh
rectángulo

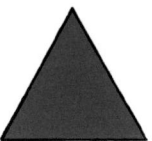

trekëndësh
triángulo

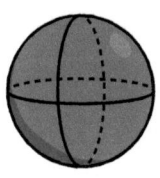

sferë
esfera

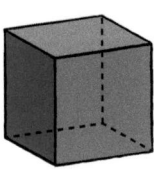

kub
cubo

e bardhë

blanco

e verdhë

amarillo

portokalli

anaranjado

rozë

rosa

e kuqe

rojo

vjollcë

morado

blu

azul

e gjelbër

verde

kafe

marrón

gri

gris

e zezë

negro

shumë / pak

mucho / poco

i nevrikosur / i qetë

enojado / tranquilo

i bukur / i shëmtuar

bonito / feo

fillim / fund

principio / fin

i madh / i vogël

grande / pequeño

i ndritshëm / i errët

claro / oscuro

vëlla / motër

hermano / hermana

e pastër / e pistë

limpio / sucio

e plotë / jo e plotë

completo / incompleto

ditë / natë

día / noche

gjallë / vdekur

muerto / vivo

i gjerë / i ngushtë

ancho / estrecho

i ngrënshëm / i pangrënshëm

comestible / no comestible

i keq / i këndshëm

malo / amable

i lumtur / i mërzitur

entusiasmado / aburrido

i shëndoshë / i dobët

gordo / delgado

e para / e fundit

primero / último

mik / armik

amigo / enemigo

plot / bosh

lleno / vacío

e fortë / e butë

duro / blando

e rëndë / e lehtë

pesado / ligero

uri / etje

hambre / sed

i sëmurë / i shëndetshëm

enfermo / sano

e paligjshme / e ligjshme

ilegal / legal

i zgjuar / budalla

inteligente / tonto

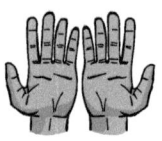

majtas / djathtas

izquierda / derecha

afër / larg

cerca / lejos

e re / e përdorur

nuevo / usado

asgjë / diçka

nada / algo

i moshuar / i ri

viejo / joven

ndezur / fikur

encendido / apagado

hapur / mbyllur

abierto / cerrado

i qetë / i zhurmshëm

silencioso / ruidoso

i pasur / i varfër

rico / pobre

e drejtë / e gabuar

correcto / incorrecto

i ashpër / i butë

áspero / suave

i mërzitur / i lumtur

triste / contento

i shkurtër / i gjatë

corto / largo

ngadalë / shpejt

lento / rápido

i lagësht / i thatë

húmedo / seco

ngrohtë / freskët

cálido / frío

luftë / paqe

guerra / paz

0	**1**	**2**
zero	një	dy
cero	uno	dos

3	**4**	**5**
tre	katër	pesë
tres	cuatro	cinco

6	**7**	**8**
gjashtë	shtatë	tetë
seis	siete	ocho

9	**10**	**11**
nentë	dhjetë	njëmbëdhjetë
nueve	diez	once

12

dymbëdhjetë

doce

13

trembëdhjetë

trece

14

katërmbëdhjetë

catorce

15

pesëmbëdhjetë

quince

16

gjashtëmbëdhjetë

dieciséis

17

shtatëmbëdhjetë

diecisiete

18

tetëmbëdhjetë

dieciocho

19

nentëmbëdhjetë

diecinueve

20

njëzetë

veinte

100

qind

cien

1.000

mijë

mil

1.000.000

milion

millón

anglisht

inglés

anglishte amerikane

inglés americano

kinezisht mandarin

chino mandarín

hindi

hindi

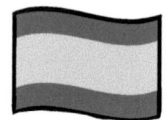

spanjisht

español

frëngjisht

francés

arabisht

árabe

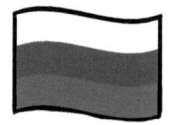

rusisht

ruso

portugalisht

portugués

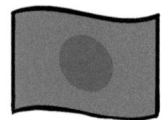

bengalisht

bengalí

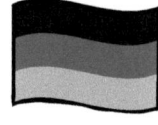

gjermanisht

alemán

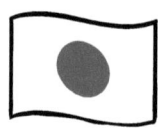

japonisht

japonés

unë
yo

ti
tú

ai / ajo
él / ella / ello

ne
nosotros/as

ju
vosotros/as

ata
ellos/as

kush?
¿quién?

çfarë?
¿qué?

si?
¿cómo?

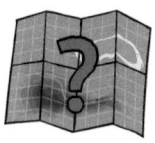

ku?
¿dónde?

kur?
¿cuándo?

emër
nombre

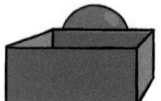

pas

detrás

në

en

përballë

delante de

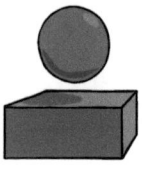

sipër

por encima de

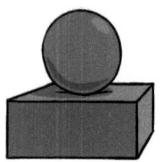

mbi

sobre

poshtë

debajo de

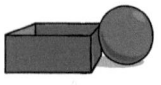

pranë

junto a

midis

entre

vend

lugar